Sabine Picout

The Culturally Customized Website

Gründe für "Cultural Customization"

Sabine Picout

The Culturally Customized Website

Gründe für "Cultural Customization"

GRIN Verlag

Bibliografische Information der Deutschen Nationalbibliothek: Die Deutsche Bibliothek
verzeichnet diese Publikation in der Deutschen Nationalbibliografie; detaillierte bibliografische Daten sind im Internet über http://dnb.d-nb.de/ abrufbar.

1. Auflage 2006
Copyright © 2006 GRIN Verlag GmbH
http://www.grin.com
Druck und Bindung: Books on Demand GmbH, Norderstedt Germany
ISBN 978-3-656-09930-7

Leopold-Franzens-Universität Innsbruck

Institut für Translationswissenschaft

Proseminararbeit zum Thema:
The Culturally Customized Website
Gründe für „Cultural Customization"

im Rahmen des Proseminars „Translation und neue Medien"

von

Mag. Picout Sabine

Innsbruck, Juni 2006

Inhaltsverzeichnis

I.   Allgemeines 2

   1)   Was ist Customizing? 2

   2)   Der ROI des WWW 2

     a) Was bedeutet ROI? 2

     b) Vier Entwicklungsphasen nach Bryan Eisenberg 2

   3)   Konversionsrate 3

   4)   „Überzeugungskraft" der Webseite und Kultur 3

   5)   Globale Marken – eine Ausnahme? 7

II.   Was bedeutet Kultur? 8

   1)   Wahrnehmung 9

     a)   Wahrnehmung und Kultur 10

     b)   Wahrnehmung und Umwelt 10

     c)   Wahrnehmung und Sprache 12

     d)   Wahrnehmung und Farbe 14

     e)   Wahrnehmung und Webseiten 14

   2)   Symbolik 22

     a)   Symbolik und Kultur 22

     b)   Symbolik: Bedeutung für Webseiten 23

   3)   Verhalten 25

III.   Schlussfolgerung 26

IV.   Literaturverzeichnis 26

V.   Abbildungsverzeichnis 28

I. Allgemeines

1) Was ist Customizing?

„Customizing" wird aus dem Englischen (to customize = anpassen) abgeleitet und als *„kundenspezifische Anpassung einer Standardsoftware an die Bedürfnisse einer Kundenorganisation"*[1] definiert. Das Customizing erfolgt durch *„Programmänderungen (Individualprogrammierung) oder durch das Setzen von Parametern [...], die Umfang und Aussehen (Konfigurierung) [...] oder das Verhalten und die Ergebnisse (Parametrisierung) einer Standardsoftware beeinflussen"*[2]. Es gibt zwar für den Begriff Customizing ein deutsches Äquivalent, nämlich „Customizierung", aber er ist bei weitem nicht so häufig anzutreffen.[3]

2) Der ROI des WWW

a) Was bedeutet ROI?

„Der ROI drückt aus, was aus dem Investment, also dem betriebsnotwendigen Vermögen, und dem damit gebundenen Kapital „zurückkehren" soll. Der ROI ermöglicht es somit, die Rendite des investierten Kapitals und dessen Rückflussdauer zu bestimmen."[4]

b) Vier Entwicklungsphasen nach Bryan Eisenberg

Laut *Bryan Eisenberg* hat sich das WWW in 4 „Phasen" entwickelt:

- die *„technology phase"*, in der vor allem die Technologie im Vordergrund stand. Aus dieser Zeit stammt z.B. Gopher und das elektronische schwarze Brett (BBS). Gopher ist ein Netzwerk-Protokoll und Vorläufer des WWW. Es wurde entwickelt, um verschiedenste Dokumente einer Vielzahl an Benutzern zugänglich zu machen. Der Gopher-Server stellt dabei im Internet eine große Zahl an Dokumenten bereit.[5] Gopher hat sich jedoch nie wirklich durchgesetzt, da das WWW mehr Funktionen als Gopher (z.B. zur Ausgestaltung der Seiten) besitzt. Gopher-Server existieren heute noch. So beginnt die Adresse (URL) mit „Gopher:" anstatt mit „http:".[6] „BBS" ist die Abkürzung für „Bulletin Board System". Dabei handelt es sich um einen Rechner, der über ein oder mehrere Modems erreicht wird. Er besteht aus Mailboxen

[1] http://www.nieg.de/cms/146.html
[2] http://de.wikipedia.org/wiki/Customizing; http://www.init-institut.de/glossar.htm
[3] http://www.kri.at/dsb3.php
[4] http://de.wikipedia.org/wiki/Return_on_Investment
[5] http://www.informationsarchiv.net/clexid_581.shtml
[6] http://www.jura.uni-sb.de/seminar/ss97/bibl-data/gruppe4.html=Gopher
http://de.wikipedia.org/wiki/Geschichte_des_Internets

(Postfächern) der Benutzer und den Bulletin Boards (schwarzen Brettern).[7] Auf kommerziellen BBS findet man meist Treiber und Updates.

- die „*design phase*", in der besonderes Augenmerk auf das Design der Website gelegt wurde, d.h. die Website musste besonders schön gestaltet sein und den Besuchern gefallen.

- die „*marketing phase*", in der vor allem die Marketing-Funktion im Vordergrund stand. In dieser Zeit wurden keine Kosten für Marketingzwecke gescheut. Die Erzielung von Einnahmen und Gewinn spielte eine untergeordnete Rolle.

- die „*business phase*", in der die Wirtschaftlichkeit vordergründig ist. Es wird auf den „Web ROI", den „return on web investment" geachtet.[8]

3) Konversionsrate

Für die Ermittlung des Web ROI ist die „Konversionsrate" von Bedeutung, welche als „*prozentuale[s] Verhältnis zwischen Klicks auf einen Link und den danach getätigten Käufen [beschrieben wird]. Anhand der Konversionsrate wird also gemessen, wie viele Interessenten (Klicker) zu Käufern "konvertieren".*"[9] Anhand der Konversionsrate soll die Effektivität und Qualität einer Webseite gemessen werden, indem das „*Verhältnis zwischen Besuchern der Website und gewünschter Aktion (Anforderung von Infomaterial, Kauf etc.)*"[10] erörtert wird. Anhand der Konversion, die über die Qualität der Inhalte der Webseite gesteuert wird, können mehr Kunden konvertiert und erhöhte Kundenbindung erreicht werden.[11] Zudem kann ihr Kaufverhalten beeinflusst und Kundenvertrauen gestärkt werden.

4) „Überzeugungskraft" der Webseite und Kultur

Weltweit tätige Unternehmen müssen mit ihrer Webseite Menschen aus unterschiedlichsten Kulturen ansprechen und sie dazu bringen, in der intendierten Art und Weise zu handeln, d.h. sie bestenfalls zum Kauf eines ihrer Produkte anregen. Die Überzeugungskraft der Webseite steht im Zusammenhang mit der Kultur, denn diese wirkt sich wiederum darauf aus, wie der Einzelne Informationen wahrnimmt, verarbeitet und interpretiert. Kunden entschlüsseln ihre Umwelt anhand eines „mentalen Programms", bei dem Informationen verarbeitet, geordnet und interpretiert werden.

[7] http://www.www-kurs.de/gloss_b.htm, http://www.peklub.at/a675b43x8a0f308daf789df466b8e353.html
[8] http://www.clickz.com/experts/crm/traffic/article.php/1471031;
http://www.clickz.com/experts/crm/traffic/article.php/3334441
[9] http://www.se-networks.de/evalanche/cms/de/0/information_database/glossar_info.html
[10] http://www.synnweb.de/glossar/konversionsrate__695.htm
[11] http://www.intares.net/webstatistik/webstatistik_conversion_tracking.html

Nach Ansicht von *Hofstede* ist Kultur „software of the mind", „die Software des Geistes",
„*die mentale Programmierung, die jedes Mitglied einer gegebenen Gemeinschaft,
Organisation oder Gruppe erlebt und entsprechend derer es voraussichtlich folgerichtig
handeln wird.*"[12]

Laut *Hall* (1979) hat die Kultur so starken Einfluss auf die Menschen, dass deren Agieren und
Interagieren vom kulturellen Kontext wesentlich geprägt sind.[13] Viele Studien haben die
Auswirkungen der Kultur auf das Kaufverhalten und die Beeinflussung der
Verbrauchermotivation gezeigt.

Was Farbvorlieben, Selbstwahrnehmung, Umweltbedingtheit, geschlechterspezifische
Rollenverteilung und Werbeinhalt anbelangt, wurden ebenfalls interkulturelle Unterschiede
festgestellt. Zudem wurde anhand neuer Studien aufgezeigt, dass sich weltweit nicht nur das
Kaufverhalten der Internetuser, sondern auch die Vorstellungen und Wahrnehmungen
unterscheiden.

Laut *Singh, Furrer* und *Massimilaino* (2004) wurde das WWW zu einem interaktiven
Kommunikationsmedium, welches als „*cultural document*", als „*Kulturträger*" dient.

Das WWW als „Kulturträger"

Merkmale des WWW	kulturspezifische Verflechtungen
Das WWW ist ein offenes Netzwerk mit weltweitem Zugang.	Das WWW wird von Menschen verschiedenster Länder und Kulturen verwendet und verfügt deshalb über ein breites kulturelles Spektrum.
Das WWW besitzt interaktiven Charakter.	Das WWW stellt ein Schauplatz für einen brisanten kulturellen Dialog dar.
Typisch für das WWW sind Hyperlinks und eigene Suchmöglichkeiten.	Hyperlinks und eigene Suchmöglichkeiten sind darauf angewiesen, dass der Kunde genügend motiviert ist zu browsen. Die interaktive Komponente des WWW fällt dann weg, wenn Webinhalte nicht „customisiert", d.h. nicht individuell an die Kundenwünsche weltweiter Kundschaft angepasst sind.

---

[12] http://www.tu-dresden.de/sulifg/daf/mailpro/kursbu11.htm
[13] http://www.sw2.euv-frankfurt-o.de/Doktoranden/projekte/Wilton.html

4

Anhand der Technologie des WWW können Informationen über Kunden erfasst werden, mit denen Webinhalte besser an die individuellen Kundenwünsche angepasst werden können.	Mit Hilfe von Kundendatenbanken und -sofware können länder- und kulturspezifische Profile erstellt werden, um Kundenwünsche besser erfüllen zu können.
Medienkonvergenz und Breitband-technologien machen aus dem WWW ein ideales Medium für das perfekte Zusammenspiel von Ton, Bild, Grafiken und Texten.	Medienkonvergenz im WWW dient dazu, kulturspezifische Themen, Bilder, Videos und Laute zu erschließen.
Im WWW ist es besonders wichtig, die Aufmerksamkeit des Webseitenbesuchers dauerhaft zu fesseln. Dies geht aus dem Schlagwort „Flow state" hervor, was soviel bedeutet wie, „ein konzentrierter Zustand der Selbstvergessenheit, jenseits von Angst und Langeweile. Man ist so in die Tätigkeit vertieft, daß sie spontan, fast automatisch wird. Man nimmt sich nicht mehr als unabhängig von der verrichteten Tätigkeit wahr."[14]	Eine Webseite, die nicht in Widerspruch mit der Kultur des Users steht, spricht diesen eher an.

Der Kunde muss den Besuch auf der Webseite als Erlebnis empfinden. Daher muss alles reibungslos vonstatten gehen. Der Begriff „Flow State" wurde vom US-Psychologen *Mihaly Csikszentmihalyi* geprägt und bedeutet, dass „*Menschen Vergnügen [empfinden], wenn ihr Können und die an sie gerichteten Anforderungen perfekt aufeinander abgestimmt sind und sie somit im eigentlichen Wortsinn in ihrer Aufgabe aufgehen.*"[15] Dies ist dann der Fall, wenn sich das Können des Internetusers und die Anforderungen durch das neue Kommunikationsmedium die Waage halten. Empfindet der Internetuser den Besuch als Erlebnis und stößt er auf keinerlei Probleme, so weckt dies in ihm eine Art „Spieltrieb". Diese interaktive Erfahrung wird dann als angenehm und unterhaltsam wahrgenommen. Werden die User jedoch mit einer anderen Sprache (oder zweiten Sprache) konfrontiert, lösen die

[14] http: www.musikmagieundmedizin.com Musikartikel neueslernen.html
[15] http: www.konradlischka.de nhproben463.htm

5

fremden Zeichen und Symbole und der nicht-lokale, d.h. der nicht mit der Kultur übereinstimmende bzw. mit ihr unvereinbare Inhalt des WWW beim User Stress aus. In der Folge beherrscht der User die Interaktion nicht mehr und findet sich nicht mehr zurecht.[16] *Simon* stellt fest, dass Menschen aus westlichen Ländern Navigationshilfen bevorzugen, die das Browsen erleichtern, während Asiaten und Lateinamerikaner Tools bevorzugen, anhand derer das Design der Webseite und die Animationen verändert werden können. Laut *Luna*, *Paracchio* und *de Juan* wird bei Webinhalten, die mit der Kultur vereinbar sind, die Wahrnehmungsleistung und die Aufnahme- und Verarbeitungsfähigkeit verbessert, da ein Umfeld gezeigt wird, in dem Anforderungen besser verständlich sind, was zu leichter handhabbarer Navigation und einer positiveren Einstellung zur Webseite führt. Der Grund hierfür liegt darin, dass Menschen Informationen, die nicht mit der eigenen Kultur im Widerspruch stehen, leichter auswählen, filtern und interpretieren und diese dann mit Hilfe kultureller Schemata im Gedächtnis speichern, indem sie Kategorien zugeordnet werden, welche im Einklang mit der Kultur stehen. Für Schemata werden auch Begriffe wie „Skripte", „Modelle", „Muster", „Szenarios", „Kontext-Module" oder „Prototypen" verwendet.[17] Schemata können mit „Schubladen" verglichen werden, auf denen bestimmte Schilder mit der jeweiligen Bezeichnung der Dinge stehen, die in diese Schublade einzuordnen sind. Dabei ist jedoch zu beachten, dass sich die „Schemata" im Vergleich zu den „Schubladen" entwickeln, anpassen, verändern und untereinander kommunizieren.[18] „Schemata" sind komplexe kulturbedingte Systeme. Jeder Mensch entwickelt im Laufe seines Lebens Schemata, mit denen er seine Beziehungen zur natürlichen und sozio-kulturellen Außenwelt gestaltet.[19] Sowohl die Anpassung an die Umgebung als auch die Art und Weise, wie man gelernt hat, die Dinge zu sehen, wirkt sich auf die Ausformung kultureller Schemata aus. Bei Webusern ist dies nicht anders, denn es ist die Tendenz feststellbar, dass Webuser aus verschiedenen Ländern bestimmte Merkmale einer Webseite, wie z.B. Navigation, Sicherheit, Produktinformation, Kundenservice, Einkaufstools etc. bevorzugen. In einer Welt, in der die User nur einen Klick von der Webseite des Mitbewerbers entfernt sind und die Anzahl an Konkurrenten immer mehr wächst, müssen die Unternehmen alle Möglichkeiten ergreifen, um die Konversionsrate, das Kundenvertrauen, die Loyalität und den ROI langfristig zu erhöhen. Deshalb hätte es verheerende Auswirkungen, wenn man übersieht, dass die „Kultur" oft dafür ausschlaggebend ist, warum der Kunde ein Produkt einem anderen vorzieht.

[16] http://www.patentalert.com/docs/000/z00003008.shtml
[17] http://www.ikud.de/iskdiaps3-98.htm
[18] http://www.ikud.de/iskdiaps3-98.htm
[19] http://www.ikud.de/iskdiaps3-98.htm

5) Globale Marken – eine Ausnahme?

Einige Manager denken, dass der Einfluss globaler Marken sogar kulturelle Unterschiede zwischen Kunden auf der ganzen Welt zu überwinden vermag. Sie sind nämlich der Meinung, dass Webseiten globaler Marken nicht an Kundenwünsche aus spezifischen Ländern angepasst werden müssen. Sie meinen, dass der Marktwert so hoch ist, dass eine Standardwebseite für alle Kunden weltweit genügt. Manche Manager denken, dass sie die Webseite nicht „Customizieren" dürfen, da diese Anpassung zu einer Abweichung vom Standard führt, wodurch die Markenidentität verloren ginge, was sich nachteilig auf die Marke auswirken könnte.

Nachforschungen haben ergeben, dass dies – was Webseiten anbelangt – keine sehr vernünftige Geschäftspolitik ist. Die Ergebnisse der Studien weisen eher darauf hin, dass Kunden weniger überfordert sind und sich wohler fühlen, wenn die Webseite wenigstens in geringem Maße angepasst wurde.

Als Beispiel wird die Webseite von *Marks and Spencer* genannt: Hier muss der Kunde aus Tschechien zuerst auf die englische Webseite gehen und sich dann durch die verschiedenen Rubriken durcharbeiten, bis er zur Rubrik „Our Store" kommt.

[Abb. 1: Marks and Spencer]

Da es nur sehr wenig kulturspezifisch adaptierte Webseiten gibt, vergleicht eine weitere Studien

- Standardseiten (z.B. eine Homepage eines multinationalen Konzerns, die jedoch für jedes Land über separate Seiten verfügt) mit
- adaptierten Seiten (d.h. Seiten eines multinationalen Konzerns, die auf ein bestimmtes Land abgestimmt wurden und über länderspezifische Templates verfügten, die in der URL der Webseite wiederzufinden waren, wie it (Italien)... und in einem bestimmten Ausmaß in der länderspezifischen Sprache verfasst wurden: Datum, Postleitzahl, Währung und Zahlenformate) und mit
- lokalen Webseiten (d.h. einer Webseite einer einheimischen Firma mit derselben Produktpalette; die Seite musste einer einheimischen Firma gehören, deren Zielpublikum die einheimische Bevölkerung war).

Die befragten Personen unterschiedlicher Herkunft (Italiener, Spanier, Inder, Schweizer und Niederländer) sollten die oben beschriebenen Seiten besuchen und einen Fragebogen ausfüllen, um ihre Meinung über die Seite und ihre Kaufabsicht auf einer Skala von 1 – 5 festzuhalten. Die Auswertungen ergaben, dass – bis auf die Niederländer – die Kunden normalerweise einer lokalen Webseite eher zugetan sind als einer adaptierten oder Standardwebseite. Daher stellt eine standardisierte, uniforme Webseite keine vernünftige Verkaufsstrategie dar. Auch wenn die weltweit tätigen Konzerne mit standardisierten Webseiten gut fahren, hätten sie wahrscheinlich mit adaptierten noch mehr Erfolg. Eine Webseite, die an die kulturellen Besonderheiten angepasst wird, trägt dazu bei, dass die Kundenloyalität, welche die beste Waffe gegen einen Wettbewerber darstellt, gefestigt wird.

II. Was bedeutet Kultur?

Der Begriff „Kultur" beschäftigt die Wissenschaft schon seit langem. Es gibt Unmengen an Definitionen von Kultur, doch besteht Einhelligkeit darüber, dass „gemeinsame Werte" sicherlich ein Kernelement der Kulturdefinition darstellen.

Kroeber und Kluckholm (1952) waren die ersten, die sich mit der Definition von Kultur auf wissenschaftlicher Ebene befassten:

„Culture consists in patterned ways of thinking, feeling and reacting, acquired and transmitted mainly by symbols, constituting the distinctive achievements of human groups,

including their embodiment in artifacts; the essential core of culture consists of traditional (i.e., historically derived and selected) ideas and especially their attached values.[20]

„Kultur besteht aus Mustern des Denkens, Fühlens und Handelns, die hauptsächlich über Symbole erworben und weitergegeben werden. Sie stellen die charakteristischen Errungenschaften von Personengruppen dar, zu denen auch ihre Verkörperung in Artefakte gehört. Der wesentliche Kern der Kultur besteht aus traditionellen (also historisch hergeleiteten und ausgewählten) Ideen und den ihnen speziell zugehörigen Werthaltungen"[21].

Diese Definition hat die Arbeit späterer Wissenschaftler beeinflusst, welche „Kultur" über „Denkmuster" und „gemeinsame Werte" definieren.

„A value system is an enduring organisation of beliefs concerning preferable modes of conduct".

Als „Wert" bezeichnet man eine *„explizite oder implizite, für das Individuum kennzeichnende oder für eine Gruppe charakteristische Konzeption des Wünschenswerten, die die Selektion von vorhandenen Arten, Mitteln und Zielen des Handels beeinflußt."*[22] (Kluckhohn, 1985).

Alle Definitionen erkennen folgende 3 Kernfaktoren an:

- Wahrnehmung
- Symbolik
- Verhalten

Das nachfolgende Kapitel soll nun einen kurzen Überblick über Probleme bezüglich Wahrnehmung und Symbolik geben. Weiters soll die Relevanz kulturell beeinflussten Verhaltens aufgezeigt und gleichzeitig versucht werden, einen Zusammenhang zwischen diesen Problemen und dem Webseiten-Design zu finden.

1) Wahrnehmung

Wahrnehmung ist der Prozess, bei dem Lebewesen Informationen aufnehmen, interpretieren, auswählen und ordnen, um sich ein Bild der Welt zu machen.[23]

---

[20] Kroeber, A.L. and Kluckhohn, F. (1952): *Culture. A Critical Review of Concepts and Definitions.* Vintage Books, New York, 181
[21] http://www.kfunigraz.ac.at/hanww.maithop.mop_ref/_ppt_wuensch.pdf; http://www.cultural-psychology.de/kultur.htm
[22] http://webdoc.sub.gwdg.de/diss_2000_bismarck_ikap5a.pdf
[23] http://www.adlexikon.de/Wahrnehmung.shtml; http://de.wikipedia.org/wiki/Wahrnehmung

a) Wahrnehmung und Kultur

Eine Gruppe älterer Menschen aus den USA und Indien wurde beispielsweise gebeten, sich Folgendes vorzustellen: Eine Frau, ganz in Weiß gekleidet, befindet sich in einem Gotteshaus. Die Amerikaner assoziierten damit eine Braut am Altar. Die Inder dachten dabei an eine Witwe beim Gebet. In den meisten westlichen Ländern kleiden sich Bräute ganz in Weiß. In Indien und in vielen Teilen Asiens trifft dies vor allem für Witwen zu. Bräute kleiden sich nicht weiß. Die Wahrnehmung hat somit großen Einfluss auf den Menschen, sowohl auf seine Empfindungen als auch auf die Begriffsbildung. Ein Hauptmerkmal der Wahrnehmung ist das Herausfiltern und die Auswertung der Umwelteinflüsse. In dieser Phase beeinflussen sich kulturelle Unterschiede und Umwelt gegenseitig und spielen eine wichtige Rolle bei der Verarbeitung von Informationen. Die Auswirkungen von Kultur auf die Wahrnehmung können bei *River*, *Sapir* und *Whorf* nachgelesen werden. In Werken von *Segal*, *Cambell*, *Herskovits* (1966), *Deregowski* (1980) und *Detweiler* (1978) werden sogar noch weitere Argumente gefunden, um diese Aussagen zu bekräftigen. Für Web-Design spielt vor allem die Wirkung von Umwelt, Sprache und Farben auf die Wahrnehmung eine wichtige Rolle.

b) Wahrnehmung und Umwelt

In der kognitiven Psychologie vertritt man die Ansicht, dass die Wahrnehmung durch Gefühle, Motivationen, Erwartungen und die reale Welt beeinflusst wird. Dies geht sogar so weit, dass verschiedene Kulturen in einer unterschiedlichen realen Welt leben und sich dies auf die Wahrnehmung auswirkt.

Die „*Carpentered World*" (gezimmerte Welt) Hypothese besagt, dass der Mensch, eine Vorliebe für Vertikales und Horizontales hat, da er in einer gezimmerten Welt lebt und dadurch seine Erfahrungen ständig von senkrecht und waagrecht angeordneten Dingen bestimmt sind.[24]

In der westlichen Welt sind die Menschen meist mit einer Realität konfrontiert, in der vor allem gerade Linien und rechte Winkel vorkommen (Räume, Häuser, Straßen, Schienen etc.). Eine solche Realität ist reich an mehrdimensionalen Eindrücken. Dies ist jedoch nicht überall auf der Welt der Fall. Die Unterschiede in der Wahrnehmung von Formen, Bildern etc. wurden anhand der „*Carpentered World*"-Hypothese belegt.

Die meisten Menschen der westlichen Welt leben in einer „gezimmerten" Welt, die voll von geraden Linien, Winkeln und Quadern ist. Dieser kulturelle Hintergrund weckt in uns die

---

[24] http://www.uni-saarland.de/fak5/orga/pdf/kino.pdf

„*Müller-Lyer-Illusion*"[25], bei der Menschen zwei Linien als unterschiedlich lang empfinden können, obwohl beide Linien genau gleich lang sind.

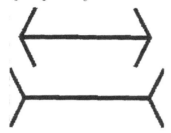

[Abb. 2: Müller-Lyer Illusion]

Die obere waagerechte Linie erscheint kürzer als die untere.

[Abb. 3: Müller-Lyer Illusion]

Diese Menschen können u. U. folgende zwei Figuren als dreidimensionales Objekt wahrnehmen.

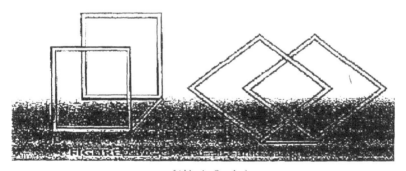

[Abb. 4 : Quader]

---

[25] „*Die Mueller-Lyer Illusion ist vermutlich die bekannteste geometrisch-optische Täuschung. Entdeckt wurde sie von Franz Müller-Lyer vor ungefähr 100 Jahren. Das Phänomen: Eine Linie zwischen zwei spitzen Winkeln erscheint deutlich kürzer als eine gleich lange Linie, bei der die Pfeilspitzen umgekehrt sind. Für diese Täuschung existiert bis heute keine einheitlige Erklärung. Einen Erklärungsansatz begründet das Phänomen mit dem "Emmertschen Gesetz". Eine mangelhafte Koordinierung zwischen Gehirn und Augenmuskulatur stellt einen weiteren Erklärungsansatz für die Täuschung dar. Eine andere Erklärung ist, dass die Konstrukte unbewusst als räumliche Objekte interpretiert werden, etwa als ausgebautes bzw. eingeschnürtes Gefäß, wobei die Mittellinien unbewusst den Längen der Ober- bzw. Unterkanten angenähert werden.*" http://de.wikipedia.org/wiki/Mueller-Lyer-Illusion

In den 60gern haben Forschungen ergeben, dass bei Afrikanern und Phillipinen diese Illusion nicht wie bei den Europäern und den Amerikanern hervorgerufen wurde. Die afrikanischen Zulus verfügen z.B. über eine Kultur, bei der Kreisformen und runde Formen sehr wichtig sind. Sie wohnen in runden Hütten, pflügen ihre Felder in Kurven und das meiste, was sie besitzen, ist rund oder verfügt über eine abgerundete Form. Das bedeutet, dass die *Müller-Lyer-Illusion* nur bei Menschen der westlichen Welt hervorgerufen wird, denn Menschen werten Formen anhand der Erfahrung, die sie in ihrer täglichen Umwelt machen, aus. Das führt bei Europäern und Amerikanern dazu, dass sie die dritte Dimension (Tiefendimension) dort hinzufügen, wo sie eigentlich gar nicht existiert. (die Figur B als dreidimensional, die Figur C als zweidimensional wahrgenommen, obwohl es sich eigentlich um die gleiche Figur handelt.)

c) Wahrnehmung und Sprache

In der Sprachwissenschaft gibt es verschiedene Ansätze, wie sich Sprache auf Gedanken und deshalb auch auf die Wahrnehmung auswirkt. Ein heftig diskutierter Ansatz ist der von *Edward Sapir* und seinem Studenten *Benjamin Lee Whorf*.

„Menschen leben nicht, wie gewöhnlich angenommen wird, in einer rein objektiven Welt oder in einer durch soziales Handeln bestimmten Welt, sondern sie sind in hohem Maße der jeweiligen Sprache ausgeliefert, die das Ausdrucksmedium für ihre Gesellschaft darstellt. Es ist eine Selbsttäuschung, anzunehmen, dass man sich auf die Realität im Wesentlichen ohne den Gebrauch von Sprache einstellt und daß Sprache einfach ein zufälliges Mittel zur Lösung spezifischer Kommunikations- und Denkprobleme ist. Tatsache ist, daß unsere "reale Welt" weitgehend durch sprachliche Gewohnheiten der Gruppe bewußt geprägt wird."[26] *„Keine zwei Sprachen sind einander so ähnlich, daß sie dieselbe soziale Wirklichkeit widerspiegeln. Die Wirklichkeit, in der die verschiedenen Gruppen leben, ist eine unterschiedliche, nicht dieselbe Wirklichkeit mit einer anderen „Aufschrift".*[27]

Laut *Sapir* werden Denkprozesse des Menschen durch die Eigenheiten der Sprache strukturiert und bis zu einem gewissen Grad sogar gesteuert. Denkweisen und Einstellungen bestimmter Gruppen sind die Resultate der spezifischen Sprechweisen, die sie benutzen.[28] Es gibt so viele Entschlüsselungs- und Speicherungsmethoden wie Sprachen.

Die *Sapir-Whorf Theorie* besagt, dass der Mensch, damit er die Wirklichkeit versteht, diese in eine bestimmte Form zwängen muss, indem er sie sprachlich „erfasst". Die sogenannte

[26] http://www.ku-eichstaett.de/Fakultaeten/PPF/fachgebiete/Psychologie/lehrstuehle/psycho2/Lehre/ws9899/ HF_sections/content_Einfuehrung.pdf
[27] http://santana.uni-muenster.de/Linguistik/user/steiner/semindex/sapir.html
[28] http://santana.uni-muenster.de/Linguistik/user/steiner/semindex/sapir.html

„starke" Version der *Sapir-Whorf Theorie*, die jedoch ziemlich umstritten ist, besagt, dass die Sprache Denk- und Verhaltensmuster determiniert und hilft, diese auszudrücken. Die „schwächere" Version der Hypothese behauptet, dass nur *„bestimmte Aspekte der Sprache Menschen dazu prädisponieren können, eine bestimmte Art des Denkens oder Handelns vorzuziehen..."*[29]

Ein Beispiel wäre die Sprache der Hopi Indianer, welche kein Wort für „Zeit" haben. Aus diesem Grund ist ihr Verständnis der Wirklichkeit ein anderes als das der Menschen, deren Sprachschatz dieses Wort aufweist. In der Sprache der Balinesen lassen sich Unterschiede in der räumlichen Vorstellung erkennen. Sie unterscheiden links und rechts nicht. Positionen werden bei ihnen durch ihre Relation zu geographischen Merkmalen beschrieben.[30]

Ein anderes Beispiel kommt aus dem Englischen: Das Englische verfügt über ein Wort für „corner" (Ecke). Im Spanischen jedoch gibt es verschiedene Wörter hiefür: z.B. inneres Eck und äußeres Eck. Im Russischen, Spanischen und Italienischen fehlt eine direkte Übersetzung für blau.

Der Einfluss der Sprache auf das Denken wurde sehr genau untersucht. Es wurde z.B. herausgefunden, dass die Chinesen schneller lernen, wenn sie mit visuellen Reizen konfrontiert werden, was auf die Bildhaftigkeit der chinesischen Sprache zurückzuführen ist. *Kaplan* stellte fest, dass die englische Schrift mit dem linearen Denken zusammenhängt, die semitische Schrift paralleles Denken erleichtert und die süd- und ostasiatischen Schriften von nicht-linearem Denken geprägt sind.[31]

Die Sprache formt das Denken insofern, als sie ihm Kategorien vorgibt und für andere kulturell sehr komplexe Ausgestaltungen als Code fungiert.[32] Sprache formt so ein einzigartiges kulturspezifisches Wahrnehmungssystem aus, anhand dessen Menschen Umweltreize organisieren, verarbeiten und interpretieren können.

---

[29] http://www.ku-eichstaett.de/Fakultaeten/PPF/fachgebiete/Psychologie/lehrstuehle/psycho2/Lehre/ws9899/_HF_sections/content/Einfuehrung.pdf

[30] http://www.psychologie.uni-wuerzburg.de/methoden/texte_2003_reize_die_neuronale_Konzeption.pdf

[31] *„Der Begriff [„laterales Denken"] wurde 1967 von Edward de Bono eingeführt und seitdem in zahlreichen Veröffentlichungen verwendet. Gelegentlich werden in der Fachsprache auch die Begriffe divergentes oder nichtlineares Denken gebraucht. Umgangssprachlich sagt man auch um die Ecke denken. Das Antonym lautet vertikales oder lineares Denken. Edward de Bono hat außerdem den Begriff „paralleles Denken" geprägt, der die Fähigkeit beschreibt, in Bezug auf ein heikliges Thema systematisch verschiedene Denk- und Wahrnehmungsperspektiven einzunehmen. Das wichtigste Beispiel für das parallele Denken ist die 6 Hüte – Methode. Sie wird inzwischen weltweit in großen Organisationen in den Bereichen Kreativität, aber auch Kommunikation und Teamentwicklung eingesetzt."* http://de.wikipedia.org/wiki/Laterales_Denken

[32] http://www.hausarbeiten.de/faecher/vorschau/35418.html

13

d) Wahrnehmung und Farbe

[Abb. 5: Farbspektrum] [Abb. 6: Farbspektrum]

Studien haben ergeben, dass die Sprache sich auch auf die Wahrnehmung und die kognitive Organisation von Farben auswirkt. Menschen verschiedener Kulturen nehmen Farben nicht gleich wahr. Verschiedene Kulturen verwenden unterschiedliche Begriffe für Farben. Manche Kulturen unterteilen das Farbspektrum und den Regenbogen anders. So besteht er bei uns aus Rot, Orange, Gelb. Grün, Blau , Indigo und Violett.

Wissenschaftler haben sich nun die Frage gestellt, ob man nur diejenigen Farben erkennen kann, die von der jeweiligen Sprache vordefiniert sind und ob die Farbwahrnehmung sich ändert, wenn man eine andere Sprache lernt.

Viele Kulturen unterteilen das Farbspektrum unterschiedlich. Die Japaner kennen die Farbe AOI - ein Farbbegriff, der nicht leicht in unsere Sprache übertragbar ist. Am besten lässt sich AOI mit der Farbe Grün oder einer Farbvariante von Grün vergleichen. Die ZUNI Indianer haben nur ein Wort für Gelb und Orange. Das IBIBIO Volk in Nigeria kennt nur 4 Farben.

Laut der Studie von *Berlin* und *Kay* werden in den einzelnen Kulturen und deren Sprachen Farben systematisch verwendet: Schwarz und Weiß sind die am leichtesten in allen Kulturen feststellbaren Farben. Es folgen Rot, Grün oder Gelb, Blau und Braun. Danach kommen Orange, Rosa, Violett. Insgesamt ergeben sich 11 Hauptfarben.

Verfügen primitive Kultur nur über zwei Farben, so handelt es sich dabei immer um Schwarz und Weiß. Verfügen sie über drei Farben, so kommt noch Rot hinzu etc..

e) Wahrnehmung und Webseiten

Bei der Gestaltung einer Webseite müssen bezüglich Wahrnehmung die vorher besprochenen Punkte beachtet werden. Das wirkt sich nämlich wiederum auf die Usability und die Qualität der Webseite aus. Die Schlussfolgerungen, welche aus dem Kapitel Wahrnehmung gezogen werden können, haben auch auf die räumliche Anordnung des Inhalts, die Textlänge, die Ausgestaltung der Navigation, die Äquivalenz bei Übersetzungen, die Sprachvarianten und die Farbkategorien Einfluss.

➤ Die räumliche Anordnung

Unter räumlicher Anordnung versteht man, wie der Webinhalt strukturiert ist. Laut *Barber* und *Badre* wirkt sich die räumliche Anordnung direkt auf die Benutzerfreundlichkeit der Webseite aus, da sie die visuelle Wahrnehmung beeinflusst.

So sind z.B. viele der Schriften fernöstlicher Kulturen wie z.B. Japanisch, Koreanisch und Chinesisch rechtsbündig und werden von oben nach unten gelesen. Arabisch wird aber von rechts nach links und Deutsch von links nach rechts gelesen. Für arabischsprachige Leser ist eine linksbündige Webseite visuell nicht sehr ansprechend.

[Abb. 7: Chinesische Webseite]

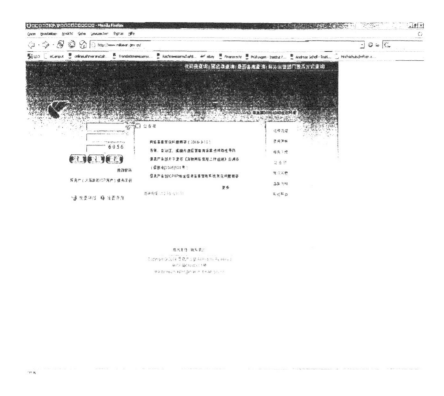

[Abb. 8: Chinesische Webseite]

Dieses Beispiel zeigt, dass ein chinesisches Layout ganz anders aussieht. Für uns wirkt es seitenverkehrt.

[Abb. 9: Arabische Webseite]

Hier eine Webseite aus dem arabischen Raum, wo genau ersichtlich ist, dass das Layout rechtsbündig ist.

Weiters ist zu beachten, wie Graphiken und Texte angeordnet werden. In westlichen Kulturen ist die zentrierte Ausrichtung eher selten. In fernöstlichen Kulturen ist die Zentrierung nicht nur bevorzugt, sondern bei der Darstellung von Bildern und Grafiken auch Norm.

> **Navigation**

Die unterschiedlichen Leserichtungen (von links nach rechts oder von rechts nach links oder von oben nach unten), die in diversen Kulturen anzutreffen sind, wirken sich auch auf das „Browsen" aus.

So zeigen Studien, die von Wissenschaftlern – wie z.B. *Barber* und *Badre* – durchgeführt wurden, dass Menschen aus arabischen Kulturen, die für gewöhnlich von rechts nach links lesen, eine Navigationsleiste auf der rechten Seite brauchen. Die Bildlaufleiste jedoch ist nicht rechts zu finden (wie in den westlichen Ländern), sondern links.

[Abb. 10: Arabische Webseite]

Hier befindet sich die Navigationsleiste rechts.

IKEA ist auf diese kulturspezifische Vorliebe aufmerksam geworden und hat die kuwaitische Webseite demgemäß gestaltet.

[Abb. 11: Kuwaitische Webseite Ikea]

Auf dieser Webseite befindet sich die Navigationsleiste rechts, die Bildlaufleiste links.

➤ Äquivalenz bei der Übersetzung

Bei der Übersetzung von Webseiten muss besonders darauf geachtet werden, wie bestimmte Begriffe, Wörter und Sätze von einer Sprache in die andere übersetzt werden.

Multilinguale Softwarepakete, die heutzutage sehr im Trend liegen, sind besonders anfällig für Übersetzungsfehler, vor allem auf Ebene der Idiomatik, Lexik und bezüglich der Begriffsäquivalenz. Andere Faktoren, die bei der Anfertigung einer äquivalenten Übersetzung beachtet werden müssen, sind Dialekte, Textlänge und Farbkategorien.

- Idiomatische Äquivalenz

Jede Sprache verfügt über eigene Idiome, was für den Übersetzer eine besondere Herausforderung darstellt.

Es ist zum Beispiel problematisch, Redewendungen wie *cross your fingers* oder *Fighting tooth and nail* zu übersetzen.

- Lexikalische Äquivalenz

Wie soll übersetzt werden, wenn ein Wort verschiedenste Bedeutungen hat oder wenn es kein Äquivalent in der anderen Sprache besitzt?

Shenkar und *Glinow* haben herausgefunden, dass es im Chinesischen kein Wort für *Autonomie* gibt. Ähnliche Wörter wie *zi zhu quan* „Selbstbestimmungsrecht" haben eine andere Bedeutung.

Ein Beispiel aus der Gesichte, nämlich die Antwort der Japaner auf die Podsdamer Erklärung vom Juli 1945, welche mit dem Abwurf der Atombomben über Hiroshima und Nagasaki endete, zeigt wie folgenschwer so etwas sein kann. Die Alliierten, die über die Atombombe verfügten, stellten den Japanern ein Ultimatum: *surrender unconditionally or face the consequence* (d.h. bedingungslose Kapitulation oder es wird Konsequenzen haben). Historiker meinen, dass die Japaner sehr wohl die Folgen eines Atombombenabwurfs einschätzen konnten. Sie befanden sich jedoch in einem Dilemma, da sie nicht ihr Gesicht aufgrund einer bedingungslosen Kapitulation verlieren wollten. Der japanische Premierminister *Kantaro Suzuko* kündete an, dass das Kabinett die Haltung „*mokusatsu*" eingenommen hatte, was mit „*kein Kommentar*" oder „*wird ignoriert*" übersetzt werden könnte. „*Mokusatsu*" hat kein Äquivalent in der englischen Sprache. Der Premierminister meinte vermutlich - „*Kein Kommentar*", um mehr Zeit zum Besprechen der heiklen Situation zu gewinnen. Zudem wollten die Japaner die Russen als Vermittler einschalten. Leider wurde diese Aussage mit

„wird irgnoriert" übersetzt, was zur Folge hatte, dass Hiroshima und Nagasaki zerstört wurden.

- Begriffsäquivalenz:

Wie soll übersetzt werden, damit genau dieselbe Begriffsbedeutung wiedergegeben wird? Wie schon erwähnt, hat das japanische Wort „mokusatsu" mehrere Bedeutungen. Wird die falsche verwendet, so liegt ein Übersetzungsfehler vor.

Ein Beispiel für eine misslungene Übersetzung wäre „Mist Stick", ein Werbeslogan für Clairol's Curling Iron, der im Deutschen nicht so gut ankam.

Vor allem die Maschinenübersetzung ist anfällig für schwerwiegende Fehler.

Ein Beispiel wäre das Wort „sale" auf englischen Webseiten, was im Französischen als „sale" (= schmutzig) gelesen wird.

Eine „customizierte" Webseite sollte somit nicht nur auf die Übersetzung achten, sondern auch auf deren Wirkung im Zielpublikum (wie wird diese Information verstanden und interpretiert?).

Eine weitere Fehlerquelle eröffnet sich, wenn Wörter aus dem lateinischen Alphabet (Englisch, Französisch, Deutsch) in ein anderes (Chinesisch, Japanisch, Koreanisch) übersetzt werden. Dann kommen andere Regeln für Unterstreichen, Fettdruck, Schriftwahl, Blockbuchstaben etc. zur Anwendung.

Die Sortierreihenfolge stellt auch eine Übersetzungsfalle dar: So werden im Schwedischen einige Abkürzungen unter dem Buchstaben Z eingeordnet. Fernöstliche Sprachen werden von Z bis A geordnet.

Weiters sollte auch auf Datumsformat, Zeit, Währung, Postleitzahl, Telefonnummer, Maßeinheit und Zahlenformat geachtet werden, da sie von Land zu Land unterschiedlich sind.

➤ Sprachvarianten

Sprachen unterscheiden sich nicht nur aufgrund unterschiedlicher Kultur, sondern auch nach Subkulturen (Sprachvarianten). Obwohl die USA und Großbritannien kulturell gesehen ähnlich sind, werden unterschiedliche Varianten des Englischen verwendet.
Bsp.

American	British
truck	lorry
eraser	rubber
chips	crisps

➢ Textlänge

Die Textlänge wirkt sich auf die Anzahl der Webseiten aus, die für eine bestimmte Zielkultur benötigt werden. Wenn in eine Sprache übersetzt wird, in der das lateinische Alphabet vorherrschend ist, so kann die Textlänge sich noch um 30 % verändern. Wenn die Länge der Wörter sich von Sprache zu Sprache unterscheidet und sie in einer Sprache länger sind als in einer anderen, kann es vorkommen, dass sie aufgrund von beschränktem Platz auf der Webseite abgeschnitten werden.

Im Normalfall kann angenommen werden, dass sich ein Textabschnitt um 30% und einzelne Wörter und Begriffe um 400% ausdehnen.

Bsp. Wird beispielsweise das Wort Katarta aus der Sprache der australischen Aborigines ins Englische übersetzt, wäre es „to the hole left by a goanna when it has broken the surface of its burrow after hibernation". Bei der Übersetzung dieses Wortes ins Englische werden 17 Wörter dafür benötigt.

Im Chinesischen ist dies genau umgekehrt. Eine chinesische Übersetzung schrumpft um 10 %.

Die Textlänge ist nicht nur bei der Übersetzung ein wichtiges Kriterium, sondern auch bei der Verwendung von Grafiken, vor allem, wenn die Grafiken Text enthalten.

Die Textlänge bedingt aber nicht nur die Gestaltung von Grafiken sondern auch die Wahl der Schriftgröße, Zeilenlänge etc..

➢ Farbkategorien

Interkulturelle Unterschiede bezüglich der Einteilung von Farben und deren Kombination treten deshalb auf, weil das Vokabular der jeweiligen Sprache sich auf das Beurteilungsvermögen der verschiedenen Sprecher auswirkt.

Bsp. Japaner haben die Farbe aoi, eine Farbe, die nicht sehr leicht [ins Englische] übersetzt werden kann: Aoi kann am besten als Farbton von Grün beschrieben werden.

Eskimos haben eine sehr große Auswahl an Wörtern, die Schnee und die damit verbundene Farbe beschreiben. Inder haben für die Farbe Braun mehrere Unterteilungen.

Farben können aber auch dazu verwendet werden, Gefühle und Stimmungen wiederzugeben. In manchen Kulturen wird mit der Farbe Gelb Neid verbunden, in anderen Kulturen mit der Farbe Grün. Farben werden auch verwendet, um Menschen, Situationen und Dinge ganz allgemein zu charakterisieren, wobei jede Kultur eigene Farbassoziationen aufweist.

„*Schwarz fahren*" im Deutschen bedeutet „*ohne Busticket fahren*". Jemand der „*schwarz sieht*", ist sehr pessimistisch oder eine Person, die fernsieht, ohne GIS bezahlt zu haben.

2) Symbolik

Symbolik ist die Wissenschaft von Symbolen und Zeichen.[33]

a) Symbolik und Kultur

Laut *Geertz* ist Kultur „*ein historisch überliefertes System von Bedeutungen, die in symbolischer Gestalt auftreten [...], ein System überkommener Vorstellungen, die sich in symbolischen Formen ausdrücken.*"[34]

Anhand von Symbolen können kulturelle Informationen als implizites Wissen von einer Generation zur nächsten weitergegeben werden.

Symbolen als Trägern kulturellen Wissens wurde vor allem im Marketing und in der Werbung, immer mehr Bedeutung zugemessen (so z.B. *Levy*: „*Symbols for sale*" oder aber *David Mick, Elizabeth Hirschman, Grant McCracken, MorrisHolbrook* und *Russell Belk*).

So wird Werbung beispielsweise als Medium gesehen, in das ständig kulturelle Komponenten hereinreichen. Deshalb sind Zeichen, Symbole, Ikone, Rituale und Mythen ein wichtiger Bestandteil der materiellen Welt, wobei dem impliziten Wissen des Konsumenten nicht viel Beachtung geschenkt wurde.

Da in der Werbung das Zusammenspiel von symbolischer und materieller Welt nicht immer erkannt wurde, haben sich häufig Fehler eingeschlichen.

Das Hakenkreuz ist beispielsweise ein heiliges Symbol in Indien und auf vielen Produkten zu finden. In der westlichen Welt würde dieses Symbol große Wut auslösen.

Die Semiotik ist die Lehre von den Zeichen, den Zeichensystemen und Zeichenprozessen.[35] Laut *Mick* umfassen semiotische Analysen das Verständnis sinntragender Einheiten, sowohl auf verbaler als auch auf non-verbaler Ebene. *Peirce* hat die Zeichen in Ikonen, Indizes und Symbole eingeteilt.[36] Eine Ikone hat eine gewisse Ähnlichkeit mit dem Gegenstand, den sie verkörpert. So bedeutet ein X über einem Bild mit einer Zigarette „*Rauchverbot*". Bei Indizes ist ein direkter Bezug zwischen Zeichen und verkörpertem Gegenstand feststellbar: Rauch ist ein Index für Feuer. Symbole sind die subtilsten und stärksten Verkörperungen kulturellen Gedankenguts. Ihnen wird aufgrund von Konvention und Übung eine bestimmte Bedeutung zugewiesen.

[33] http://de.wikipedia.org/wiki/Symbolik
[34] http://www.kuwi.euv-frankfurt-o.de/~polsoz/lehre/lehre_WS03/ein_in_kuwi_skript.pdf
[35] http://dict.leo.org/ende?lp=ende&lang=de&searchLoc=0&cmpType=relaxed&sectHdr=on&spellToler=on&search=semiotik&relink=on
[36] http://en.red-dot.org/uploads/tx_smbookshop/34.pdf

b) Symbolik: Bedeutung für Webseiten

Wie schon zuvor angedeutet, kann das WWW als kulturspezifisches Dokument angesehen werden. In Anbetracht dessen muss sehr genau darauf geachtet werden, wie Symbole und Zeichen im Text und in den Grafiken verwendet werden. *Barher* und *Badre* (1998) haben den Begriff „cultural markers" (kulturspezifische Hinweise) geprägt, „*worunter sie Elemente des Interface-Designs verstehen, die innerhalb einer kulturellen Gruppe weit verbreitet und bevorzugt sind und die eine kulturelle Verbundenheit anzeigen.*"[37] Weiters stellten sie fest, dass die Verwendung von „Cultural Markers" die Usability von Software-Interfaces für Individuen einer bestimmten Kultur verbessern.

Am Design der Webseite, der Verwendung von kulturspezifischen Symbolen, Ikonen und Farbsymbolik kann das kulturelle Einfühlvermögen und die Zielgruppen-Sensibilität abgelesen werden.[38]

> **Kulturelle Symbole**

Kulturelle Symbole sind all das, was eine bestimmte Lebensweise oder kulturspezifisches Wissen beschreibt.[39] So ist z.B. in arabischen Kulturen die Darstellung einer Frau oder von Tieren verpönt. Wenn man graphisch dargestellte Metaphern aus dem religiösen Bereich (wie Kreuz, Halbmond oder Sterne) oder tierische Darstellungen bzw. Handlungs-, Wort- (meist ein tabuisierter Wortschatz) und Bildtabus (tabuisierte Abbildungen von Handbewegungen), sowie andere Ästhetikbegriffe verwendet, muss dies unter sorgfältiger Bedachtnahme auf die Kultur des jeweiligen Landes geschehen.[40]

[Abb. 12: Swastika] [Abb. 13: Swastika]

[37] http://www.itas.fzk.de/deu/lit_2005_with05a.pdf
[38] http://www.fezb.de/projekte-ikkomp5.htm
[39] http://www.nadjati.net/Website-User-focus/index.html
[40] http://home.arcor.de/culturalmarkers_taboo.html

In Indien ist das Hakenkreuz ein religiöses Symbol und wird deshalb sehr häufig verwendet, da es als Zeichen für Glück und Fruchtbarkeit steht. Deshalb ist das Hakenkreuz auch auf Produktnamen, Markennamen, Verpackungen und Webseiten anzutreffen und auch in der Werbung nicht ungeläufig.

Die meisten Menschen in unseren Breiten assoziieren mit dem Hakenkreuz jedoch den durch die Nazis begangenen Völkermord des 20. Jahrhunderts. Für Millionen Inder symbolisiert das Hakenkreuz Glück und Wohlergehen. Die Hindus sehen den Ursprung des Swastika im Sanskrit. Wird es im Uhrzeigersinn gezeichnet, so stellt es die Entstehung des Universums dar (Pravritti); gegen den Uhrzeigersinn die Einwicklung des Universums (Nivritti).[41] Inder verwenden beide Darstellungsformen des Swastikas aus Gründen des Gleichgewichts.

Die Nazis, die der Überzeugung waren, dass der Arier (Indogermane) Prototyp des weißen Invasors war, wählten dieses Symbol zum Zeichen der „Einheit der weißen Nationen". Im Zweiten Weltkrieg wurde das Swastika (bis auf Indien) zum Symbol des Faschismus.

Wenn Webseiten für östliche Kulturen wie z. B., Japan und China, erstellt werden, ist besonders darauf zu achten, dass diese Kulturen speziellen Wert auf Natursymbole legen. Die Natursymbole sind sehr häufig verwendet und Ausdruck größter Ästhetik in östlichen Kulturen.

Daher sind in China und Japan Symbole von Bergen, Flüssen, Vögeln, Bäumen usw. oft in der Werbung, auf Verpackungen und auf Webseiten zu finden.

Es ist wichtig, dass die bildliche Darstellung von Menschen auf der Webseite lokalen und ethnischen Standards der jeweiligen Kultur entspricht. So wurden z.B. auf internationalen Webseiten von IKEA, MTV, SONY etc. Persönlichkeiten aus dem kulturellen Milieu dargestellt, die in der betreffenden Region bekannt sind.

➢ Ikone

Viele Ikonen enthalten kulturelle Aspekte, die entweder nur in den jeweiligen Ländern oder in bestimmten Teilen der Welt verstanden werden. Die Ikone eines gelben Schulbusses, ein rotes sechseckiges Zeichen, ein amerikanisches Postfach mit einer Fahne, ein Papierkorb oder ein Einkaufswagen können außerhalb der USA missverstanden werden. Deshalb sollte bei der Auswahl der Ikonen besonders auf das Verständnis von Kulturspezifika geachtet werden.

---

[41] http://donerdeutsch.de/index.php/Malte_swastika

Kunden in England fanden beispielsweise den zylinderförmigen Papierkorb des Apple Macintosh sehr verwirrend, da er genau dieselbe Form hatte wie die Postfächer in England. Diese Mails wurden also irrtümlicherweise an den Papierkorb versendet.

> **Farbsymbolik**

Unterschiedliche Farben haben je nach Person und Kultur andere Bedeutungen. Ein Unternehmen verfügt über Verpackungen, die ein grünes Etikett aufweisen, was jedoch die Bewohner Malaysias schlecht aufnahmen, da Grün für sie mit dem Urwald und seinen Gefahren und Krankheiten assoziiert wurde.

In Ägypten hingegen ist Grün die Farbe der Fruchtbarkeit, während sie in den USA Sicherheit und in Frankreich Kriminalität versinnbildlicht.

In westlichen Kulturen ist die Braut in Weiß gekleidet, in Indien jedoch tragen die Witwen traditionsgemäß Weiß.

Auch Farbkombinationen können je nach Kultur etwas anderes bedeuten. In China ist Schwarz auf rotem Hintergrund Symbol für Glück. Diese Kombination wird daher oft bei Hochzeitseinladungen verwendet. In Japan bedeutet Rot auf weißem Hintergrund Feier und Lebenskraft.

Dies zeigt, dass die Verwendung einer bestimmten Farbe, ja sogar einer bestimmten Farbkombination auf der Webseite auch mit den Bedürfnissen und Erwartungen der jeweiligen Zielkultur übereinstimmen muss.

3) *Verhalten*

Warum verhalten wir uns aber genau so, wie wir uns verhalten? Laut *Trompenaars* bestimmen Normen und Werte unsere Handlungen und Bestrebungen; tatsächlich leiten kulturelle Werte den Einzelnen und setzen fest, welches Verhalten wünschenswert ist und welches die *„wünschenswerten Endzuständen"*[42] darstellt.

Man hat erkannt, dass im Marketing kulturelle Werte eine große Auswirkung auf Verbrauchermotivation, Produktwahl und Lifestyle haben. Das bekannte *„Information-Processing Model of Consumer Behavior"* hat explizit die Kultur als externen Faktor auf die Willensbildung des Konsumenten anerkannt. Manche Wissenschaftler vertreten die Meinung, dass Kultur nicht nur ein externer Faktor ist, sondern ein integraler Teil des menschlichen Verhaltens und deshalb auch des Verbraucherverhaltens.

---

[42] http://epub.ub.uni-muenchen.de/archive/00000734/01/AgendaSettingProzesse.pdf

III. Schlussfolgerung

Zusammenfassend kann somit festgehalten werden, dass die kulturellen Rahmenbedingungen, die einen Menschen umgeben, unbedingt in die Überlegungen rund um die Gestaltung einer Webseite miteinbezogen werden müssen. Um einen zufriedenstellenden WebRoi und eine möglichst hohe Konversionsrate zu erzielen, ist aufgrund obig genannter Punkte selbst bei globalen Marken das Customizing der entsprechenden Webseite äußerst vorteilhaft, da nur so maximale Kundenzufriedenheit, Kundenbindung sowie ein angenehmes Surf-Vergnügen gewährleistet sind. Werden die drei Kernfaktoren von Kultur, die die beiden Autoren erwähnen, nämlich Wahrnehmung, Symbolik und Verhalten, und die damit verbundenen Probleme beachtet, so wird das Customizing und somit die Webseite ein sicherer Erfolg sein und in der Zielkultur auf große Akzeptanz stoßen.

IV. Literaturverzeichnis

* http://de.wikipedia.org/wiki/Customizing
* http://de.wikipedia.org/wiki/Geschichte_des_Internets
* http://de.wikipedia.org/wiki/Laterales_Denken
* http://de.wikipedia.org/wiki/Mueller-Lyer-Illusion
* http://de.wikipedia.org/wiki/Return_on_Investment
* http://de.wikipedia.org/wiki/Symbolik
* http://de.wikipedia.org/wiki/Wahrnehmung
* http://dict.leo.org/ende?lp=ende&lang=de&searchLoc=0&cmpType=relaxed&sectHdr=on&spellToler=on&search=semiotik&relink=on
* http://dönerdeutsch.de/index.php/Malte_swastika
* http://en.red-dot.org/uploads/tx_smtbookshop/34.pdf
* http://epub.ub.uni-muenchen.de/archive/00000734/01/AgendaSettingProzesse.pdf
* http://home.arcor.de/culturalmarkers/taboo.html
* http://santana.uni-muenster.de/Linguistik/user/steiner/semindex/sapir.html
* http://santana.uni-muenster.de/Linguistik/user/steiner/semindex/sapir.html
* http://webdoc.sub.gwdg.de/diss/2000/bismarck/ikap5a.pdf
* http://www.adlexikon.de/Wahrnehmung.shtml
* http://www.clickz.com/experts/crm/traffic/article.php/1471031
* http://www.clickz.com/experts/crm/traffic/article.php/3334411

- http://www.cultural-psychology.de/kultur.htm
- http://www.fczb.de/projekte/ikkomp5.htm
- http://www.hausarbeiten.de/faecher/vorschau/35418.html
- http://www.ikud.de/iikdiaps3-98.htm
- http://www.ikud.de/iikdiaps3-98.htm
- http://www.ikud.de/iikdiaps3-98.htm
- http://www.informationsarchiv.net/clexid_581.shtml
- http://www.init-institut.de/glossar.htm
- http://www.intares.net/webstatistik/webstatistik_conversion_tracking.html
- http://www.itas.fzk.de/deu/lit/2005/with05a.pdf
- http://www.jura.uni-sb.de/seminar/ss97/bibl/data/gruppe4.html#Gopher
- http://www.kfunigraz.ac.at/hamwww/multiop/mop_ref1_ppt_wuensch.pdf
- http://www.kri.at/dsb3.php
- http://www.ku-eichstaett.de/Fakultaeten/PPF/fachgebiete/Psychologie/lehrstuehle/psycho2/Lehre/ws9899_HF_sections/content/Einfuehrung.pdf
- http://www.ku-eichstaett.de/Fakultaeten/PPF/fachgebiete/Psychologie/lehrstuehle/psycho2/Lehre/ws9899/HF_sections/content/Einfuehrung.pdf
- http://www.kuwi.euv-frankfurt-o.de/~polsoz/lehre/lehre_WS03/ein_in_kuwi_skript.pdf
- http://www.nadjafi.net/Website-User-focus/index.html
- http://www.ntcg.de/cms/146.html
- http://www.patentalert.com/docs/000/z00003008.shtml
- http://www.pcklub.at/a675b4388a0f308daf789df466b8c353.html
- http://www.psychologie.uni-wuerzburg.de/methoden/texte/2003_tietze_die_neuronale_Konzeption.pdf
- http://www.sc-networks.de/evalanche.cms/de/0/information_database/glossar_info.html
- http://www.sw2.euv-frankfurt-o.de/Doktoranden/projekte/Wilton.html
- http://www.svmweb.de/glossar/konversionsrate__695.htm
- http://www.tu-dresden.de/sulifg/daf/mailproj_kursbu11.htm
- http://www.uni-saarland.de/fak5/orga_pdf_kino.pdf

- http://www.www-kurs.de/gloss_b.htm;
- Kroeber, A.L. and Kluckhohn, F. (1952): *Culture: A Critical Review of Concepts and Definitions*. Vintage Books. New York
- Singh, Nitish and Pereira, Arun (2005): *The Culturally Customized Web Site: Customizing Web Sites For The Global Marketplace*. Elsevier Butterworth Heinemann Publications. Oxford

V. Abbildungsverzeichnis

- Abb.1: http://www2.marksandspencer.com/thecompany/our_stores/index.shtml
- Abb. 2: http://de.wikipedia.org/wiki/Mueller-Lyer-Illusion
- Abb. 3: http://www.aber.ac.uk/media/Modules/MC10220/Images/muller1.gif
- Abb. 4: Quader: Singh, Nitish and Pereira, Arun (2005): *The Culturally Customized Web Site: Customizing Web Sites For The Global Marketplace*. Elsevier Butterworth Heinemann Publications. Oxford. S. 30
- Abb. 5: http://www.mannpharma.de/imperia/md/images/auge/wunderdessehens/wietteresehen/1_2_8c.jpg
- Abb. 6: http://www.epilogue.net/art/tech/socar_color_wheel.jpg
- Abb. 7: www.nankai.edu.cn
- Abb. 8: http://www.miibeian.gov.cn/
- Abb. 9: http://www.ayandehnegar.org/s_1.php?news_id=436
- Abb. 10: http://www.didgah.net/maghalehMatnKamel.php?id=4625
- Abb. 11: www.ikea.com
- Abb. 12: http://photos1.blogger.com/img/44/1233/1024/hindu_swastika.1.jpg
- Abb. 13: http://www.davelin.com/images/travel/indonesia/swaztika.jpg